# RIFTS IN THE VISIBLE

# FÊLURES DANS LE VISIBLE

To Stefanie
with Best wishes
Inge
17. 3. 97

ALSO BY INGE ISRAEL

DU MÊME AUTEUR

*Réflexions*
(Editions Saint-Germain-des-Prés: Paris, 1978)

*Même le soleil a des taches*
(Editions Saint-Germain-des-Prés: Paris, 1980)

*Aux quatre terres*
(Les Editions du Vermillon: Ottawa, 1990)

*Raking Zen Furrows: Encounters with Japan*
(Ronsdale Press: Vancouver, 1991)

*Unmarked Doors*
(Ronsdale Press: Vancouver, 1992)

*Le Tableau rouge*
(Les Editions du Vermillon: Ottawa, 1996)

# Rifts in the Visible

# Fêlures dans le visible

Chaim Soutine, painter / peintre
(1893-1943)

Poems / Poèmes

Inge Israel

RONSDALE PRESS
1997

RONSDALE PRESS
3350 West 21st Avenue
Vancouver, B.C. Canada
V6S 1G7

Set in Baskerville MT, 11pt on 13.5
Typeset by The Typeworks, Vancouver, B.C.
Printing: Printcrafters, Winnipeg, Canada
Cover Design: Ewa Pluciennik
Cover Painting: Chaim Soutine's *La folle / The Madwoman*, courtesy of the
    National Museum of Western Art, Tokyo.

The publisher wishes to thank the Canada Council, the Department
of Heritage and the British Columbia Cultural Services Branch for their
financial assistance.

CANADIAN CATALOGUING-IN-PUBLICATION DATA

Israel, Inge.
    Rifts in the visible = Fêlures dans le visible

    Poems.
    Text in English and French.
    ISBN 0-921870-45-0
    1. Soutine, Chaim, 1893-1943—Poetry.  I. Title.  II. Title: Fêlures
dans le visible.
    PS8567.S73R53     1997     C841'.54     C96-910784-6E
    PQ3919.2.I82R53     1997


    Poèmes.
    Texte en anglais et en français.
    ISBN 0-921870-45-0
    1. Soutine, Chaim, 1893-1943—Poésie.  I. Titre.  II.Titre: Fêlures
dans le visible.
    PS8567.S73R53     1997     C841'.54     C96-910784-6F
    PQ3919.2.I82R53     1997

Pour / For


*Werner, Mark,*
*Pia, Ralph, Allison.*

# REMERCIEMENTS

A Ronald Hatch, ma vive reconnaissance pour ses encourage-
ments et son intérêt. Qu'une pluie de remerciements tombe sur
mes amis Nicole Mallet et Jean Richard, pour leur immense
patience et les conseils qu'ils m'ont donnés pour la version
française.

A la Fondation des Arts en Alberta, ma gratitude pour son sup-
port financier.

COMMITTED TO THE DEVELOPMENT OF CULTURE AND THE ARTS

La Guilde des Auteurs de Hope a accordé, en 1995, le premier
prix du concours de poésie au poème *Modigliani* de ce recueil.
D'autres poèmes ont paru dans *Envol*, *Parchment*, *Visions-
International*, *Paper Radio* et *Orbis*.

# ACKNOWLEDGEMENTS

With fondest gratitude to Dr. Ronald B. Hatch without whose interest and encouragement this project would not have been possible; and to my infinitely patient friends Nicole Mallet and Jean Richard for their suggestions for the French version.

The author gratefully acknowledges the financial support of the Alberta Foundation for the Arts.

COMMITTED TO THE DEVELOPMENT OF CULTURE AND THE ARTS

The poem "Modigliani" in this collection won the 1995 Hope Writers' Guild First Prize. Other poems appeared in *Parchment, Envol, Visions-International, Paper Radio* and *Orbis*.

# TABLE

# CONTENTS

# PRÉFACE

Dixième de onze enfants d'un pauvre tailleur juif, Chaim Soutine est né en 1893 à Smilovitchi, petit village russe d'une région qui devint plus tard la Lituanie. Soutine enfant ne connut que la faim, les coups et l'humiliation dans un milieu hostile où son incompréhensible vocation pour la peinture était considérée comme "scandaleuse".

Il fut brutalement puni une fois, à l'âge de sept ans, pour avoir dérobé chez lui des ustensiles de cuisine, afin de les échanger contre des crayons de couleur; une autre fois, pour avoir tenté de faire un portrait du rabbin, ce qui constituait un terrible péché aux yeux de tous dans cette communauté isolée où de telles images étaient formellement interdites. Parfois il se cachait dans la forêt pour échapper aux mains de sa famille et des autres villageois. Finalement, il s'enfuit à Minsk, où un médecin s'intéressa à lui et lui paya des cours de dessin. Par la suite, il fut admis au Collège des Beaux-Arts de Vilna.

En 1913, au plus fort des remous qui secouaient les différents courants artistiques, Soutine prit le train pour Paris et entra à l'Ecole des Beaux Arts. Il s'installa à la "Ruche", un logement misérable de la rue de Dantzig, où il fit la connaissance de compatriotes, de Chagall, du sculpteur Lipschitz et d'autres. Comme la plupart des artistes de l'époque, il fit toutes sortes de petits métiers – tour à tour débardeur aux Halles, peintre d'affiches publicitaires, etc. – devant se contenter d'un salaire dérisoire pour assurer sa survie. Quelque temps plus tard il rencontra Modigliani qui le prit sous sa protection et l'encouragea à persévérer.

En dépit de son extrême dénuement, Soutine se rendait fréquemment au Louvre pour y découvrir les grands maîtres. Il y retournait souvent pour admirer, entre d'autres, les Courbet, les Corot, les Rembrandt devant lesquels il pouvait rester debout des heures entières. Aussi la présence insolite de cet étranger à la mine patibulaire et à la tenue négligée n'était-elle pas sans intriguer et alarmer les gardiens du musée.

# INTRODUCTION

Chaim Soutine, the tenth of a poor Jewish tailor's eleven children, was born in 1893 in Smilovitchi, a small Russian (later Lithuanian) village. As a child, Soutine knew only hunger, cruelty and humiliation in an environment hostile to his incomprehensible and "scandalous" vocation.

From the age of seven, he was in turn beaten and locked up, once for exchanging kitchen utensils for colouring crayons, another time, for attempting to make portraits, especially of the Rabbi – a terrible sin in the eyes of this isolated community which forbade the making of graven images. At times he hid in the forest to escape from his family and the angry villagers. Finally he ran away to the nearby city of Minsk, where a friendly doctor took an interest in him and helped him to take art lessons. Subsequently, he attended a Fine Arts College in Vilna.

In 1913, when the revolution in art was at its height, Soutine set off for Paris to attend the Ecole des Beaux Arts. He moved into the famous "Ruche" (an old tenement, so named because it resembled a beehive) on the rue de Danzig where he lived in dire circumstances as did other painters and sculptors whom he met there – some of them compatriots, such as Chagall and Lipschitz. Like most of his fellow artists, he took whatever odd jobs he could find – unloading crates of fish at Les Halles, painting posters, in fact anything. None paid more than a pittance but they allowed survival on the barest minimum. Modigliani, whom he met some time later, took him under his wing and encouraged him.

Despite extreme poverty, Soutine managed to pay frequent visits to the Louvre, discovering the old masters. He returned again and again to admire particular paintings, among them Courbets, Corots etc., standing for hours before a single work, especially some of the Rembrandts and, because of his ragged, unkempt appearance, aroused the suspicion of the museum guards.

Il retravailla si souvent ses toiles et en détruisit un si grand nombre, qu'il est impossible d'étudier avec précision l'évolution de son œuvre. On peut lui accorder une certaine parenté avec l'expressionnisme allemand, tout en lui reconnaissant un style bien personnel. On le comparait alors à Van Gogh, ce qui avait le don de le contrarier. Il est vrai que tous deux étaient violemment inspirés par un tourment intérieur, mais ils traitaient leurs sujets de façon bien différente. Les dessins de Van Gogh ont avant tout un caractère architectural dû à la précision rigoureuse du trait tandis que la méthode de Soutine est intuitive et apparemment non contrôlée. Soutine ne s'éloigne pas, pour autant, des sujets traditionnels: natures mortes, portraits, paysages. Mais dans chacun de ses tableaux, il se laisse entraîner par sa vision des choses et l'éclat de ses couleurs, la touche suggestive de ses pinceaux donne au sujet une force tragique.

Quand éclate la première guerre mondiale, Soutine s'engage comme volontaire; sa mauvaise santé l'empêcha d'être accepté dans le service actif. Il fut donc affecté comme auxiliaire et dut se contenter de creuser des tranchées ou de seconder femmes et vieillards demeurés seuls à cultiver les champs. Après que le Dr. Barnes, amateur américain d'œuvres d'art, ait "découvert" Soutine, le marchand de tableaux Léopold Zborowski fit au peintre une rente qui lui permit de passer trois ans dans le Sud de la France. Là-bas, tantôt déprimé, tantôt transporté, il put donner libre cours à sa fureur créatrice. Il y fit près de trois cents tableaux, des paysages pour l'essentiel, aux formes torturées dont les couleurs fiévreuses transmettent une émotion brûlante.

En 1939 une guerre encore plus féroce éclate en Europe. Soutine, de manière surprenante, cesse alors de peindre des animaux écorchés vifs et des formes humaines solitaires, à peine capables semble-t-il, d'échapper à l'anéantissement face à un environnement écrasant. C'est alors qu'il fait figurer dans plusieurs tableaux deux enfants qui s'évadent sur une route de campagne. Peut-être durant cette période cauchemardesque de l'histoire, l'évocation de deux enfants se promenant côte à côte, offrait-elle la seule image rassurante susceptible d'adoucir les plaies de l'âme. Ou bien ces compositions plus tendres sont-elles le fruit d'une liaison, la plus durable de sa vie, avec Gerda Groth?

Soutine re-worked and destroyed so many of his own canvases that it is impossible to trace his development. Although his work has a certain kinship with German expressionism, his style is very much his own. To his great annoyance, he was often likened to Van Gogh. It is true that both were driven by inner torment but they dealt with it quite differently. Van Gogh's brushwork is precise, his drawing that of a draughtsman, whereas Soutine's is highly intuitive and seemingly uncontrolled. Soutine's subjects are traditional: still lifes, portraits, landscapes. But in each of them, he is possessed by his vision, conveying tragic power with his splendid colours and immensely descriptive brushstrokes.

When the First World War broke out, Soutine volunteered but, because of his poor health, was not accepted by the army. Instead, he was sent to dig trenches and to help out on farms where only women and old men remained. After he was "discovered" by an American collector, Dr. Barnes, Soutine spent three years in the south of France on an allowance from an art dealer, Leopold Zborowski. There, at times deeply depressed, at others excited, he gave vent to a frenzy of creativity, producing about 300 writhing, tortured landscapes whose feverish colours convey burning emotions.

In 1939 when Europe was engulfed by an even more ferocious war, Soutine surprisingly did not continue to portray slaughtered animals or struggling solitary human figures barely escaping obliteration in an overwhelming environment. His subjects now were living animals, mother and child, or two children walking together along a country road. Perhaps during this nightmarish period of history, children in pairs provided a healing image of human life. Or were these gentler visions prompted by his living with Gerda Groth in the first long-term relationship of his life?

When the Germans entered France, the couple fled from village to village but, in the end, Gerda was sent to a concentration camp. Madeleine Castaing, a benefactress, worried about Soutine alone in increasingly poor health. She introduced him to Marie-Berthe Aurenche, the young and pretty former wife of the expressionist Max Ernst, and Soutine agreed to live with

Quand les Allemands envahirent la France, le couple se réfugia de village en village, mais Gerda fut arrêtée et déportée dans un camp de concentration. Madeleine Castaing, une bienfaitrice qui s'inquiétait de la solitude de Soutine, souffrant, lui présenta Marie-Berthe Aurenche, ex-épouse du peintre expressionniste allemand, Max Ernst, et Soutine accepta de se mettre en ménage avec elle. La France était alors aux mains des nazis, et Soutine et Marie-Berthe se cachèrent à Champigny-sur-Veude, près de Tours. Mais même là, ils durent changer de logis six fois de suite en raison de l'avancée des troupes allemandes. Le soir, ils écoutaient les émissions à la radio de la France Libre de Londres, ou bien la Voix de l'Amérique. Un jour on frappe chez eux: "Cachez-vous vite! Les Allemands sont là!" et il fallut repartir sur-le-champ.

La santé chancelante de Soutine devait beaucoup souffrir de cette continuelle anxiété. En 1943 le couple prit le grand risque de regagner Paris afin que Soutine puisse s'y faire opérer d'un ulcère perforé à l'estomac. Mais il était déjà trop tard, Soutine mourut à l'hôpital. Pour ne pas éveiller les soupçons des nazis, Marie-Berthe le fit inhumer en secret dans une concession appartenant à sa famille au cimetière du Montparnasse et elle prit soin de ne point faire graver son nom sur la dalle funéraire. Picasso, qui jusqu'ici ne s'était pas risqué en zone occupée, tint malgré tout à assister à l'inhumation, aux côtés de Jean Cocteau et de l'écrivain-peintre Max Jacob, qui mourut en camp de concentration un an plus tard.

Si l'une des conditions nécessaires à toute créativité artistique est l'expérience tragique de la vie, l'œuvre de Chaim Soutine en est l'exemple ultime. Elle ne nous dit rien de son passé, ni sur les pogroms qui ravageaient la Russie tzariste de son temps; elle ne nous dit rien de la dévastation ni de la destruction dûes à la première guerre mondiale, ni des convulsions sociales des années vingt et trente; rien du règne de terreur imposé par Hitler. Cependant, tout y est contenu de manière inhérente, dans chacune de ses visions, dans chaque coup de pinceau et dans la luminescence de ses couleurs lourdes d'émotion.

her. France was occupied by the Nazis, and Soutine and Marie-Berthe hid in Champigny-sur-Veude, a village near Tours, but even there changed lodgings six times because of the movement of German troops. In the evenings they listened to the Free French broadcasts from London or the Voice of America. In one place, someone knocked on the door, calling "Quick, hide! The Germans are here!"

The tensions greatly affected Soutine's already poor health. In 1943 the couple returned to Paris at great risk, so that Soutine could undergo surgery for a perforated ulcer. But it was too late. He died in hospital. Because of the Nazi presence, Marie-Berthe had him buried secretely, in her family plot at the Montparnasse cemetery, but dared not engrave his name on the stone. Picasso braved the occupying forces to attend the funeral, as did Jean Cocteau and Max Jacob, the writer and painter who, one year later, perished in a concentration camp.

If to experience the world tragically is the prerequisite of artistic creativity, Chaim Soutine's work is the ultimate example. It does not depict his own past, nor the pogroms which ravaged the Czarist Russia of his time; it says nothing explicit about the social upheaval of the '20s and '30s nor of the devastation and destruction of WW I; nothing about Hitler's reign of terror. Yet all of these events are inherent in his every vision, his every brushstroke and the brilliance of his emotionally charged colours.

## L'arrivée

enfin Paris! . . . ma Jérusalem
mes yeux touchent le pavé
artère vivante   palpitante
d'un cœur invisible
ici l'air est lumière   la lumière
air   je suis sans poids   comme si
depuis ma descente du train
j'avais des poumons tout neufs
et un cœur pour insuffler
dans mon sang le bonheur
d'une créature de la mer
échouée sur le sable
qui soudain retrouve l'eau

tout est étrange mais combien connu
je suis ce marchand ambulant
illégal qui   à la vue d'un képi
de gendarme   s'enfuit avec sa charrette
et celui qui se couvre de carton
pour dormir sous le pont   je suis surtout
cette femme indigente   lourdement enceinte

nous sommes tous des prophètes   des Élie
proscrits qui n'ont jamais su s'approcher
de la table de Pâque afin d'y boire le vin
mis de côté pour eux   ni même
de franchir la porte   ouverte exprès
car déguenillés comme nous le sommes
comment pénétrer cette magnificence?
je suis prêt à accoucher de Dieu
sait quoi   et oui . . . c'est *ici*
que je le mettrai au monde

## Arrival

Paris at last! . . . my Jerusalem
my eyes touch this pavement
living throbbing artery
of an invisible heart

here air is light   light air
I'm weightless as if leaving
the train had given me new lungs
and a heart to pump into my blood
the joy of a beached sea creature
suddenly returned to water

everything strange yet how familiar
I'm that illegal hawker fleeing
with his cart at the sight
of a policeman's cap   that man
wrapped in cardboard sleeping
under the bridge   most of all
that destitute woman heavy
with child

all of us prophets   Elijahs
who never reached the Passover table
to sip the wine set aside
for us   didn't even go
to the door deliberately left ajar
for how could we in rags and tatters
enter such splendour?
I'm pregnant with God
knows what   and yes – *this* is
where I shall give birth

## Racines

cette vie nouvelle . . .
je n'écris jamais à Smilovitchi   ne donne
d'adresse à Paris   fais de mon mieux
pour oublier la misère du ghetto   la peur
le revivre continuel de maisons incendiées
de femmes violées   éventrées   d'enfants
empalés   me suis arraché de tout   de *tout*
sauf de la faim

mais assis sur un banc à observer
les gens   ou dès que je lève mon pinceau
vers une toile nouvelle   le blanc devant moi
se remplissant déjà avant que je n'y touche
soudain des têtes se détournent pour me regarder
m'embarrassent   me mettent en colère
et tout d'un coup je me rends compte
que le diablotin d'une mélodie
yiddish s'échappe de ma gorge
et que mon pied martèle le rythme
"*Yam-bai da-ramba*
*di-yam bai di dai*
*yam-bai di da-da-da*
*ai-yai-yai-yai* . . ."

comme le petit oiseau effrayé   tombé
de son nid dans le crottin encore
tout chaud d'un cheval   si douillet
qu'il se met à chanter et attire un loup

il me faut apprendre   quand j'en ai
jusqu'aux oreilles   à la tenir

## Roots

this new life . . .
I never write home to Smilovitchi
don't give them my Paris address
want to forget the ghetto   fear
the constant reliving of houses
set on fire   women raped   their bellies
cut open   children impaled   have ripped
it all out   all   except
for the hunger

but sitting on a bench watching
faces or lifting my brush
to a new canvas   whose blankness
fills before I have touched it
heads suddenly turn to stare
embarrass   anger me   until I notice
the prankster-demon of a Yiddish air
coming from my throat
my feet tapping the rhythm
*"Yam-bai da-ramba*
*di-yam bai di-dai*
*yam-bai di da-da-da*
*ai-yai-yai-yai . . ."*

like the frightened little bird fallen
from its nest straight into fresh
horse dung   so warm   secure   it bursts
into song and attracts a wolf

must learn when I'm in it up to my ears
to keep my mouth shut

## Auto-portrait

afin de rompre avec tout
    ce qu'il y avait avant
j'essaie de perdre
    cet accent dénonciateur
d'améliorer mon français

transpose ces traits méchants
    – des malignités qui se moquent de moi –
    sur une toile puis sur l'autre
    pour m'en débarrasser
    et enfin retrouver le visage que j'avais
    avant
        que le monde ne fût construit

mais pas moyen d'y échapper

les autres me voient toujours
comme le moudjik
– le grossier paysan russe

seules mes mains sont différentes
déliées   délicates
    comme si c'était un signe

## Self-Portrait

to break with all
       that went before
I try to lose
       my tell-tale accent
improve my French

transpose these hateful features
       – malignancies that mock me –
       on to canvas after canvas
            to free myself
                of them
       and find the face I had
       before
                the world was made

but there is no escape

to others
I am still the moujik
– the uncouth Russian peasant

only my hands are different
slender  refined
            as if they were a sign

## Etiquette parisienne

là où l'obscurité
déborde par-dessus le grand mur
qui entoure l'Hôtel de la Pitié
et de la Salpêtrière   je la vois
surgir des ombres
descendre du trottoir   se planter
au beau milieu de la rue
devant un autobus qui s'approche
il s'arrête d'un frein crissant
à quelques centimètres
d'elle qui   restée sur place
les bras écartés   le prie
l'exhorte passionnément à continuer
comme une femme
dans la fièvre de l'amour
incite son amant

furieux le chauffeur descend
la rabroue   s'emporte
– Mais c'est ma vie à moi! crie-t-elle
Je peux en disposer si je le veux!

– Pas sous *mon* autobus réplique-t-il
se souvient des convenances
ajoute sèchement – Madame!

## Paris Etiquette

where darkness spills over the high wall
surrounding the Hôtel de la Pitié
et de la Salpêtrière     I see her
dart from the shadows
off the curb   into the path
of an approaching bus
it screeches to a halt
centimetres from her
now standing spread-eagled
calling out   urging it on
passionately
as a roused woman might a lover

the driver storms out
shouts   scolds

– But it's my life, she screams
  I can end it if I like!

– Not under my bus
he shouts back
remembers his manners
and adds – Madame!

*Tu ne feras pas d'images taillées*


j'avais à peine dix ans quand
le boucher   occupé à fendre
des os sur son billot de bois
me vit en train de l'observer
s'élança vers moi   ôta brusquement
sa ceinture   m'en roua de coups
pour avoir tracé
le visage de son oncle le Rabbin

des coups aveuglants   assourdissants
jusqu'à en tomber sans pouvoir
se relever   sous les carcasses de bœuf
ruisselant le rouge dans la sciure
la puanteur d'entrailles dans mes narines

le même péché pour lequel Papa m'enferma
dans la cave pendant deux jours
pour lequel tout le village me chassa
de peur que je ne fasse descendre
sur eux   le courroux de Dieu

un péché que je ne pouvais saisir
un commandement auquel je ne pouvais
obéir   le dybbuk à cheval sur mon esprit
étant beaucoup plus fort que moi

même aujourd'hui le boucher
me fouille encore
le ventre de sa lame

## Thou Shalt Not Make Graven Images

I was not yet ten
when the butcher   breaking
bones on a wooden block
caught me watching him
grabbed me   whipped off
his belt   lashed me for drawing
his uncle the Rabbi's face

blinding   deafening blows
till I fell helpless
under sides of beef dripping red
into the sawdust   the stench
of gore   filling my nostrils

the same sin that got me locked
in the cellar for two days

for which the whole village chased me
afraid I would bring down
the wrath of God   on them

a sin I could not grasp   a command
I could not obey   the dybbuk riding
my soul   stronger by far

to this day the butcher
ransacks my gut
with his blade

*Fissures*


les autres à la Ruche
rient de mes craintes
de ma peur de coucher
chez moi   dans ma chambre
ne voient pas les fantômes
qui me poursuivent

ils me permettent pourtant
de dormir dans leur chambre
chez l'un   chez l'autre . . .

comme si n'importe quel mur
était solide
n'importe quel plafond sûr

pas même ce cercueil
chez le sculpteur Dobrinsky

durant les nuits que j'y passe
allongé   j'observe la fente
          surgir
                    dans le couvercle
puis les fissures
                    s'y multiplier
pour enfanter de la vermine grouillante
          toujours
                    dans l'attente
                         toujours prête
à se goinfrer

*Fissures*

the others at La Ruche
laugh at my fears
at my not wanting to sleep
in my own bed   my own room
cannot see the phantoms
out to seize me

but they humour me
let me sleep
in this or that one's place . . .

as if any walls were sound
any ceilings safe

not even the coffin
at the sculptor Dobrinsky's place

the nights I spend lying
in it   I watch the crack
      appear
            in the lid
then fissures
                multiply
         into
                    teeming vermin
      waiting
expectantly         always
               ready
to gorge

*Souvenirs*

Chagall étale ses souvenirs
sur des tables pieuses en continu
pour des simchas   joyeuses occasions
mariages   jours de fête
un pogrom ajouté ci et là
– comme les herbes amères
et symboliques qu'on mange
suivant son devoir   pour ne pas
oublier   tout en riant
entre amis

son "Violon sur le toit" a enthousiasmé
tout Paris   on dit que c'est de la poésie
pure   personne ne devinant
que c'est une scène dans le shtetl
dont il se souvient   et alors?
même s'il n'y a pas de violoneux
sur le toit   il n'est pas loin
on l'entend qui accompagne
les couleurs   les met en musique

pour moi le passé est du poison
qui circule dans mes veines
facile   rapide à gemmer
une toute petite incision y suffit

et les malédictions de mon enfance
sont le métronome de mon cœur

*Memories*

Chagall spreads his memories
on endless feast tables
for simchas   happy occasions
weddings   holy days
one or two pogroms thrown in
– token bitter herbs
dutifuly eaten as a reminder
amidst laughter
among friends

his "Violon sur le toit" has fired
all Paris   pure poetry they say
no one guessing at a remembered scene
from the shtetl   but what of it?
even where no fiddler appears
on the roof, he is close by
we hear him accompany
the colours  setting them to music

for me the past is poison
coursing through my veins
tapped into easily
quickly
a tiny cut suffices

and the curses
of my childhood are
my heart's metronome

## Une nature morte

ça n'existe pas
tout et tous ont faim   ont des besoins
chaque objet   caillou   grain de sable
respire   convoite   veut
se multiplier

des démons lèchent mes pinceaux
          avec avidité   crachent
          dans mes couleurs
          les font bouillonner

          sont les dents
          de la fourchette
          qui mord dans la viande

          sont la cuiller vaincue
          à côté de la soupière vide
          un mauvais œil
          qui réfléchit
                    sens dessus dessous
               des bouches affamées
          se moquant de moi

## A Still Life

there's no such thing

everything hungers   craves
every object   pebble   grain
of sand   breathes   lusts   wants
to multiply

demons lick my brushes avidly
        spit into my colours
        make them boil

        are the teeth
        of the fork
        that will bite into flesh

        are the defeated spoon
        beside the empty
        soup tureen   an evil eye
        that reflects
                starving mouths
                                upside down
        mocking me

*Il faut que j'attende*

ne suis pas capable de peindre
lorsque chaque buisson
et arbre nus
chaque ardoise brisée
et cheminée saoûle
donnent leur accord à l'hiver
qui grisaille le monde

il me faut attendre le printemps
quand les âmes – ah oui, toute chose
en possède une . . . vaille que vaille –
réapparaissent dans une pulsion
vers la lumière   encore engourdies
encore tremblantes   mais déjà
vibrantes dans ce mouvement
vers l'extérieur

et la lumière   d'abord froide
lente à réchauffer   à fondre
les bleus restes glacés
de l'éclat hivernal
séduit en s'entortillant
autour des surfaces
pareille au fil de soie
que tisse l'araignée autour
de sa proie avant de lui injecter
le venin qui la conservera
tout au long de la lente ingestion

*La folle / The Madwoman (c.1919)*
Courtesy of the National Museum of Western Art, Tokyo, Japan

*Les grands peupliers à Civry / Large Poplars at Civry (c.1939)*
Courtesy of the Reuben and Edith Hecht Museum, University of Haifa, Israel

*La tricoteuse / Woman Knitting (1924-25)*
Courtesy of the Norton Simon Museum, Pasadena, California, U.S.

*Le grand arbre de Vence / Great Tree of Vence (1929)*
Courtesy of the Kunstmuseum Bern, Switzerland

## Must Wait

can't paint when every
leafless bush and tree every
broken roof slate and drunken
chimney pot helps winter
darken the world

must wait for spring
when the soul – oh yes, everything
has a soul . . . for what it's worth –
re-emerges in a drive
toward light   still numb
still shaky   but already
a vibration   an outward
movement

and light cold
at first   slow to warm
to melt icy blue remnants
of winter's glare,
beguilingly wraps itself
over surfaces like a spider
spinning silken threads
around its victim before
injecting the venom
that will preserve it
for slow consumption

*Couleur*

comme le cuisinier
qui aligne ses ingrédients
j'essaie d'assembler sur ma palette
tous les bleus qui existent déjà

le bleu lumineux
des vitraux de Chartres

les éclats bleus
des cheveux ébène d'une femme

une échappée de ciel
dans les yeux d'un noyé

la mer
vue par un albatros

les flammes bleues
plus chaudes que les rouges

les lèvres d'un enfant pauvre
en hiver

les yeux d'un chien aveugle

les veines dans les mains
d'un vieux porteur

le bleu languissant de la corde
la plus profonde de l'âme

et puis je mélange

*Colour*


like a cook
aligning his ingredients
I try to assemble all the blues
found before

the luminous blue
of Chartres' stained glass windows

blue flashes of a woman's
raven hair

sky
glimpsed by a drowning man

sea
by a flying albatross

blue flames hotter than red

a poor child's lips in winter

eyes of a blind dog

veins of an old porter's hands

the pining blue
of the soul's innermost string

then stir

*Fêlures*


ils affirment que mon travail
s'inspire de celui de Van Gogh!
espèces d'imbéciles!

ne voient-ils donc pas que lui se plie
à une discipline de petits coups
de pinceau bien rangés   le mouvement
qu'il traduit est bien ordonné   retenu

la précision est une camisole de force
prenez son "Prisonniers à l'exercice"
– cet anneau humain serré
tournant à l'intérieur de la cour
chaque homme bien en dedans
des limites de sa propre silhouette

            tandis que l'ordre
                    est une dissimulation
pour duper
                        l'observateur
        faire naître en lui
                        une espérance
le bercer d'une sécurité trompeuse

                l'important   c'est de regarder
                        par les fêlures
                    dans le visible

# Rifts

they keep saying I paint
                like Van Gogh
        rubbish!

can't they see: he disciplines
himself with tidy brush-strokes
the movement he shows
is orderly   contained

precision is a straitjacket
take his "Prisoners at exercise"
– that tight human ring
circling the yard
each man well within
the bounds
of his own outline

        but order
                is a cover up
to trick
                the beholder
        raise his hopes
                    expectations
            lull him
        into false security

        the important thing
is to look
                through rifts
        in the visible

*Volaille morte*


je ne puis m'arrêter de peindre
sur mes tableaux une volaille morte
– comme si elle avait encore
autre chose à raconter   comme si
elle n'avait pas encore tout dit

cette poule   dont la peau nue
            plaque une éclaboussure jaune
                        sur un fond vert et bleu
bat frénétiquement des ailes
                        griffe l'air de ses pattes
            le corps frissonnant

tout comme celles
            déjà égorgées
                        qui couvrent le boucher
            d'explosions d'étoiles rouges

se débattant
            luttant
                        jusqu'à ce que la dernière
            goutte de sang profane
                        se soit écoulée
            et qu'elles soient sanctifiées

et cette danse de la mort
serait-elle la volonté de Dieu?

## Dead Fowl

I can't stop
painting dead fowl
– as if they always had more
to say   as if they had not
said it all

this one   its naked skin
        a yellow splash
                on dark greens and blues
open wings
                        beating wildly
        feet clawing the air
            body shivering

like those whose throats
                    are already slit
            who cover the butcher
        with exploding red stars

thrashing about
        struggling
                        until the last
            drop of unholy blood
        has drained away
leaving them sanctified

and this mad death-dance
is God's will?

"Voilà une femme pour toi!" me dit Pascin
devinant   qu'il aille au diable!
que je serais moins muet devant la laideur
de celle-ci qu'avec une autre plus jolie
ou bien est-ce qu'il a voulu dire
que *ma* vilaine fiole ne la dérangerait pas?
je l'avais déjà vue se balader parmi nous
à la Rotonde   cherchant à trouver des élèves
pour ses leçons de français   à présent
elle m'en donne gratuitement   pose pour moi . . .
en échange de quoi?   les flèches de son regard
épient le rouge feu qui   comme toujours
dans la vive émotion de mon travail   me monte
de la poitrine jusqu'à la tête   elles guettent
le mouvement de mes doigts   tandis que
je me caresse la gorge afin de me calmer
les yeux fixés sur le paysage de son visage
sur les monts et vallées formés par les tortures
des entrailles de sa mère   sa surface
de terre bleue et de ruisseaux
à la lumière cruelle du jour

mais je cherche un paysage intérieur
beaucoup plus difficile à gagner

*Studies*

"That's a woman for you!" Pascin said
guessing   damn him   I'd be less
tongue-tied before her ugliness
than with another more attractive
or did he mean that *my* ugly mug
would not disturb her?
I'd seen her before   drifting
among our crowd at the Rotonde
looking for likely students for her French
lessons   she gives me mine free
sits for me . . . in return for what?
her darting eyes watch the flaming
blush start at my chest
and creep up as always
in the excitement of my work
eyes that follow the movement
of my fingers as I stroke
my throat to calm myself
my gaze fastened on the landscape
of her face with dips and mounds
formed in the tortures
of her mother's womb   the surface
blue earth and streams
in cruel daylight

but I'm after a heartland
much harder to reach

## Caprices

. . . les noms de mes tableaux   je m'en fiche
ne vais pas faire le marchandage de mots
comme les anciens rabbins qui passaient
leur vie à discuter toutes les significations
possibles des textes talmudiques

que les autres les nomment comme ils veulent
seul compte ce qu'il y a dedans
la peinture est mon moyen d'expression
mon langage   les idées qui me viennent
à l'esprit se manifestent en mouvements
en couleurs   en résonances

hier soir quand ils étaient tous
à discuter le mérite pour l'art
de la souffrance   je n'ai rien dit
mais de suite j'ai entrevu devant moi
les castrats d'autrefois
qu'on saisissait tout petits
dont on broyait ce qu'ils ne pouvaient
défendre   ce qu'ils ne possédaient
pas encore: leur virilité

seul restait un goût amer qui leur brûlait
la langue   plus jamais soulagée
par la fausse douceur du son
leur sortant de la gorge
un son qui se gonflait et s'élevait
au niveau d'une pureté troublante

## Fads

. . . damned if I'm going to waste time
finding names for my pictures
haggling over words like rabbis
who spend their lives discussing
all possible meanings of Talmudic texts

let others call them what they will
it's what's *in* the picture that counts
paints are my tools   my language
the thoughts that cross my mind
are colour   movement   sound

last night the talk turned
to how suffering makes great art
I said nothing but at once images
crossed my mind of castratos seized
as little boys   their manhood
ravaged before they could defend
before they could possess it

the bitter taste left to burn
into their tongues   never to be
alleviated by the false sweetness
of a sound issuing from their throats
that swelled and rose
to uncanny purity

*(cont'd)*

un son né d'une telle angoisse
et au prix d'un sacrifice si profond
qu'ils en devenaient les compagnons
de ces pinsons aveuglés
à coups d'aiguilles chauffées au rouge
dans une inoubliable souffrance
exprimée désormais
par un chant mélodieux
– le seul qu'ils connaissaient

a sound born of such pain
and deep sense of loss
they became fellows
to those finches blinded
with red-hot needles
in an agony they could not forget
or stop voicing in the sweet
and only song
they knew

*Nu*

alors   on étale ses couleurs
on s'apprête

mais face au modèle
comment faire . . . ?

les autres peintres
n'éprouvent pas ces difficultés
par exemple   Modigliani montre
ses nus sybarites   voluptueuses
et elles l'adorent
posent pour lui sans rien demander

tandis que moi   si je connais
la femme   je suis incapable
d'en faire le portrait nu
bien que je ne connaisse pas
celle-ci   je me sens gêné . . .
comme elle   exposée   vulnérable

son front s'obscurcit
se fond avec les fausses ténèbres
derrière elle   donne du poids
à son regard incertain

cependant   ces mains
l'une étreignant l'autre
avec une petite touche de sang
– combien digne de foi

et son ventre fleurit
        doré d'espoir

## Nude

it's all very well
to lay out one's colours
ready oneself

but then   face to face
how . . . ?

others have no trouble
for instance Modigliani
shows his nudes
appealing   sensual
his models love him for it
pose for nothing

if I know a woman
I can't paint her in the nude
I don't know this one
but still feel . . . uncomfortable
as she does   exposed
vulnerable

her brow darkens   melts
into false shadows
behind her   gives weight
to her uncertain gaze

yet those hands
one gripping the other
with a touch of blood
          – how dependable

and her belly flowers
golden with hope

*La peau*


fait couler la forme
dont sont privés
d'autres éléments poisseux
en désordre

elle est une enveloppe
qui masque miraculeusement
l'insupportable

la couche extérieure
de ce qui s'est passé depuis toujours

un bouclier qui sert à protéger
contre le monde
bien qu'elle soit aussi
l'organe le plus sensible

de couleur variant
entre l'attrayant
et le grotesque
(voir les chérubins
et les femmes de Rubens)

son grain capable d'inspirer
un sentiment tendre
ou une grossière répulsion

elle peut se transformer
en une écorce endurcie

ou   douce comme l'aile d'un papillon
elle nous enveloppe dans le glaïeul
rouge foncé du bonheur

*Skin*


gives form a flow
otherwise denied
to messy components

a wrap
miraculously hiding
the unbearable

the outer layer of all
that has ever happened

a shield against the world
yet most sensitive of organs

colour varying
from appealing
to grotesque
(see Rubens' cherubims
 and women)

texture able to evoke
tender feelings
or gross repulsion

can turn into a stony rind

or   gentle as a butterfly's
wing   enfold in the dark
red gladiola
of happiness

*La femme entrant dans l'eau*


oui   je vais lui donner la même pose
qu'a la baigneuse de Rembrandt
mais la silhouette de la mienne
sera plus rude   plus réaliste
les pigments doivent respirer
profondément

lui a couché avec la sienne
elle n'en est pas moins
la discrétion même

la   mienne incline un peu la tête
afin de contempler   sous la voûte
de ses jupes relevées   le reflet
de l'inconnaissable obscurité
là   entre ses jambes
tenues fermes sous l'eau
qui serpente autour de ses mollets

chacun de ses seins abondants
est une colombe blanche
tracée légèrement
pour mon enfant
dans son ventre

## Woman Wading

yes   I'll give her the same
stance as Rembrandt's
bather   but rougher
around the edges   earthier
the pigments must breathe deeply

he shared a bed with his
still she remains
the picture of discretion

mine tilts her head slightly
forward   searches
below the canopy of her raised
skirts   for a reflection
of the dark unknowable shadows
between her legs
held firmly in place
by water snaking
around her calves

each ample breast
a lightly-traced white dove
for my child in her womb

## Portraits

seuls m'inspirent
ceux desquels je me sens proche
qui ont un rapport viscéral
avec la vie   avec ses faux départs
ses brusques arrêts
les flèches de l'hiver
les espérances printanières

ceux qui relèvent si brusquement la tête
de leurs mains
que le visage reste dedans

qui s'accrochent au manteau râpé
à la dernière cigarette
à l'œuf ensanglanté du soleil
au journal d'hier

qui endurent leur corps
la nourriture qu'ils avalent
les cauchemars qui les avalent
et l'atroce douleur d'avoir une punaise
coincée dans l'oreille interne

qui ont beau pousser la porte
la terreur passe à travers
pour les talonner

## Portraits

only those to whom I feel close
inspire me
who have flesh and blood
connections with life's false
starts   abrupt stops
winter arrows
and springtide of hope

who lift their heads
so suddenly from their hands
their faces stay behind

who hang on
to the threadbare coat
the last cigarette
the bloodied yolk of sun
yesterday's paper

who endure their bodies
the food they swallow
the nightmares that swallow them
the excruciating pain of a bedbug
lodged in the inner ear

and no matter how hard they close
the door, terror slips in
to breathe down their necks

## Rythme sauvage

les critiques me traitent de "vampire"
de "peintre enivré de sang . . ."
comme si c'était moi qui avais
tout inventé

la terre s'écroule
avant qu'on puisse apprendre
à se tenir debout   chaque jour plusieurs
milliers sont envoyés à la mort
ils crèvent rien qu'en sortant faire pipi
et retombent dans la terre
dans les tranchées que j'ai aidé à creuser

il y a une pulsation dans le monde
comme si Dieu était mort
et c'est à moi qu'ils s'en prennent
à cause de ce que je vois
de ce que j'entends

mais ce n'est pas seulement la guerre

la vie vole en éclats
comme le mercure   le présent chuinte
dans la cendre du lendemain
chaque paysage est déjà signé
d'un autre nom

le désespoir se cache
dans un repli intérieur   d'où il me force
à continuer   même cette ardeur
qui comme une folie   étend ses bras
et attend d'être ramassée

## Wild Rhythm

"a vampire" critics call me!
"a painter tipsy with blood . . ."
as if I'd invented it all

the ground crumbles before
one can learn to stand
every day thousands sent
to die   blown to bits
when they go outside to urinate
fall back into the earth
into the trenches I helped to dig

there's a throbbing in the world
as if God had died
and they blame *me*
for what I see   hear

but it's not only the war

lives splinter like mercury
the present hisses in tomorrow's
cinder   every landscape
is already signed
with another name

despair hides in some dark
internal recess   forces me
to go on   even the yearning
that feels like madness
spreads out its arms   waits
to be gathered up

## Modigliani

"Comment peux-tu croire au fatalisme?"
as-tu ri   "regarde comme tu cours
traverser la rue quand le gendarme change
le signal!   N'est-ce pas la preuve
du libre choix?"

mais toi Modi   tu n'as pas couru assez vite
pour échapper aux puissances des ténèbres

ami dès le premier jour
tu m'encourageais   me couvrais
de louanges   me poussais à aller
toujours plus loin   ne comprenant
qu'à mes oreilles   seules les injures
trouvaient un écho   tu essayas
de m'apprendre les belles manières
ignorant que même si on les tient
de façon impeccable
les fourchettes et les couteaux
n'en demeurent pas moins
le prolongement mortel
de nos mains

bien avant qu'un rouge de poitrinaire
ne teintât tes joues blêmes
la mort te talonnait
tandis que nous franchissions le passage
en cailloutis ensanglanté
par le soleil couchant   pour aller
au bistro nous brûler l'estomac creux
avec de la piquette
et trinquer à la vie
"Le chaïm! A ta santé!"

## Modigliani

you laughed and said, "How can you
believe in fatalism?  Look how you run
across the street when the policeman
changes his signal!  Doesn't that prove
there's free will?"

but you, Modi, didn't run
fast enough from the powers
of darkness

a friend from the start
you encouraged   praised
spurred me on   couldn't grasp
that in my ears only insults
hold the ring of truth   tried
to teach me manners – didn't
see that forks and knives
no matter how impeccably held
are still lethal
extensions of hands

long before a consumptive
flush invaded your cheeks
death gnawed at your heels
on sunset-bloodied paving stones
we crossed   to the nearest
bistro to sear our hollow
stomachs with cheap wine
– clinking glasses
"Le chaïm!  to life!"

*(cont'd)*

en voilà une bien bonne!
seuls les oiseaux du diable
renaissent chaque jour

les yeux scellés comme ceux
de tes nus   tu souffles
avec les esprits à présent

toi le meilleur de nous deux
enlevé le premier

seule ma voix reste   elle lutte
pour continuer
chancelle   tombe à genoux

un lent déchirement intérieur
retentit dans mon crâne
tout à coup le halètement
de mon âme accompagne tes mots
me disant que je regarde
sous l'enveloppe   que je dépouille
toute chose et montre un monde
écorché vif   un monde que toi-même
ne voyait pas saigner

prétendant que tu m'enviais
la liberté de mes coups de pinceau
indomptés   gouvernés par aucune loi
que tu m'enviais
de ne jamais flatter

mais toi Modi   tu me flattais
alors comment pouvais-je te croire?

a lot of good it did us!
only the devil's birds
are reborn every day

eyes sealed like those
of your nudes   you whisper
with the spirits now

you the better man
taken first

only my voice left
struggling to continue
staggering   falling to its knees

slow inner tearing echoes
in my skull   suddenly the panting
of my mind accompanies your words
telling me I peer beyond surfaces   rip
away the skin of things   make the world
itself look flayed   not even you
acknowledging that it *is* flayed

claiming you envied me the freedom
of my brushstrokes ungoverned
by rules of any kind
of my never seeking to flatter

but you flattered, Modi
so how could I believe you?

*(cont'd)*

tu rendais le sublime
moi je dépeins le profane
mais tu m'en louais

tu étais mon ami   bien que je ne fusse
le tien   le don m'en manquait
mais ça aussi tu me le pardonnais
supposant que quelque part en moi
je cachais un cœur

maintenant le temps et les conjugaisons
se confondent   je dis maintenant
comme s'il y avait d'autres maintenant
comme si tes visions de beauté
ne prenaient pas la forme de ton corps froid
bloquées dans le même petit espace noir

la beauté   la laideur ne font qu'un
pour moi   mais pour toi   bel homme
qui faisait de beaux tableaux
les apparences comptaient beaucoup
l'impression qu'elles donnaient
l'impression que nous faisions

voilà pourquoi tu te promenais
*L'Enfer* de Dante ou la Bible
sous le bras   les lisant en italien
à haute voix même si personne ne comprenait

voilà pourquoi tu me corrigeais
tout le temps   ma façon de parler
l'état de mes vêtements
sans jamais te mettre en une sacrée
colère qui m'aurait permis
de m'emporter moi aussi

you portrayed the sublime
I show the profane
yet you praised me

you were my friend although I was
not yours   never having learned
the knack   this too you forgave
supposing that somewhere inside me
I hid a heart

now time and tenses mingle
I say *now* as if there were other *nows*
as if your visions of beauty were not
taking on your body's cold shape
trapped in the same small dark space

beauty   ugliness   they're all one
to me   but to you   a handsome
painter making handsome
pictures   appearances mattered
the impression they make
the impression we made

that's why you carried your copy
of Dante's *Inferno* around with you
or your Italian Bible and read from them
even when no one understood

that's why you kept correcting
me   the way I spoke
the state of my clothes
never losing your goddamn temper
so I could lose mine

*(cont'd)*

et ces mots que j'ai tus
ensevelis dans ma chair
ne peuvent plus retenir ma fureur
qui se déverse en couleur
non à cause de tes gestes
ni de tes paroles
mais du coup lacérant
de ton silence

leaving these unsaid words
buried in my flesh
no longer able to hold back
the fury I now unleash in colour
not at what you said and did
but at the lacerating blow
of your silence

# Lettre à Zborowski

*"Cher Zborowski, j'ai reçu le mandat. Je vous remercie.
Je regrette de ne pas vous avoir écrit plus tôt concernant
mon travail. C'est la première fois qu'il m'arrive de ne
pas pouvoir faire quelque chose . . ."*

oh mon Dieu   comment le dire?   je n'ai jamais su
m'exprimer   mes pensées sont visuelles
le langage me dépasse

*"J'ai un mauvais état d'esprit . . . Je n'ai que sept toiles.
Je le regrette . . ."*

pourquoi m'expliquer?   pourquoi m'excuser?   mais ça c'est
bien moi   chien obséquieux   pas comme Modi . . . lui ne fai-
sait pas force révérences   cela demande une certaine arro-
gance dépend d'où on est né

*"Je voudrais quitter Cagnes, ce paysage que je ne peux
supporter . . . J'ai dû effacer des toiles commencées . . ."*

ce soleil aveuglant   lumière ravageuse   monde éblouissant
me déroutent   les poches de ma mémoire   de mes entrailles
les tissus vitaux de mon esprit   ont été formés dans des lieux
sombres   des scènes refluent comme le mouvement de recul
du sang par une valve cardiaque défectueuse   me brûle
le cerveau

*La déchéance / Desolation (1921-22)*
Courtesy of the Musée Calvet, Avignon, France

*L'idiot du village / Village Idiot (c.1919)*
Courtesy of the Musée Calvet, Avignon, France

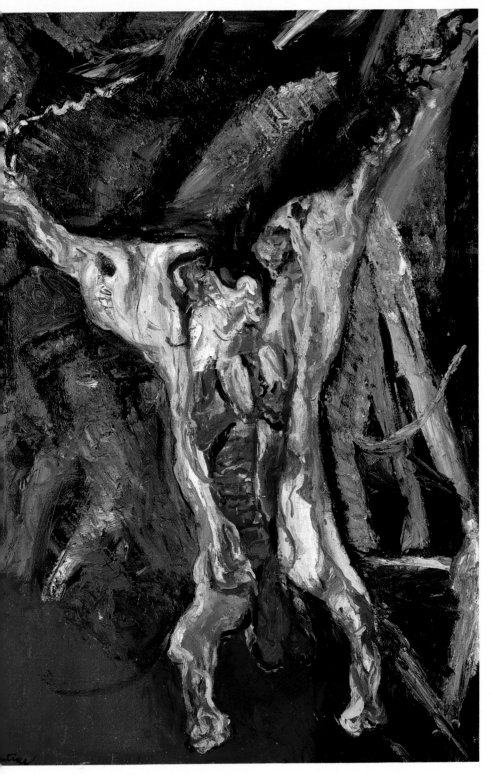

*Bœuf écorché / Carcass of Beef (c.1924)*
Courtesy of the Minneapolis Institute of Art, Minnesota, U.S.

Chaim Soutine
*Retour de l'ecole / Return from School after the Storm*, 1939
Oil on canvas
17 x 19 ½" (43.1 x 49.5 cm)
Acquired 1941
The Phillips Collection, Washington, D.C.

## Letter to Zborowski

*"Dear Zborowski, I received the money order.*
*Thank you. I am sorry for not writing sooner*
*about my work. For the first time ever I am not*
*able to do anything . . ."*

oh, God   how to say it?   never could
express myself to others   my thoughts
are visual   language defeats me

*"I am in a bad state of mind . . . I have only seven*
*paintings. I am sorry . . ."*

why explain anything?   why apologize?
but that's me   subservient dog
not like Modi . . . he neither bowed nor scraped
it takes a certain arrogance   depends
on where you're born

*"I want to leave Cagnes, this landscape I can't stand . . .*
*I had to rub out several canvases I started . . ."*

this blinding sun   devastating
glare   dazzling world   unnerve me
the memory pockets in my gut   the vital
tissues of my mind   were formed in shadowy
places   scenes wash up like the backward flow
of blood through a defective heart valve
scald my brain

*(cont'd)*

le rayonnement du Midi ne prête aucune gaieté
à mon travail   les marches d'escalier
que je présente mènent vers le diable
sait quelle fournaise dans le ciel   les branches
d'arbre se tordent tourmentées   les maisons s'écroulent
un délire orchestré par vents et flambées

*"Je suis ici contre mon gré . . . vous comprenez dans quelle
situation indécise je suis . . ."*

mes villages sont cernés par des routes en folie
soudain un vert morbide l'emporte sur tout   un soleil
vert marin écœurant   je ne vois aucun poteau indicateur
aucun point de mire pour me guider   fini l'entracte
il faut regagner ma place dans le grand merdier

*"Ne pouvez-vous m'indiquer un endroit car plusieurs fois
j'ai eu l'intention de rentrer à Paris . . ."*

si je faisais quelque misérable nature morte
elle serait un pays de connaissance
un endroit où je pourrais me glisser
me cacher

the light of the Midi lends no gaiety
to my work   the steps I paint lead
to the devil
only knows what furnace
in the sky   branches of trees
twist tormented   houses crumble
a raving orchestrated by wind and blaze

*"I am here against my wishes . . . You understand
how unsettled I feel . . ."*

my villages are ringed by roads gone berserk
suddenly a morbid green predominates
a nauseating sea-green sun   I see
no recognizable signposts   no lode-star
to guide me   the party's over
back to the crap heap now

*"Can you suggest somewhere else for me to go
because several times I almost returned to Paris . . ."*

if I painted a miserable still life
it would be a familiar scene
a place to creep into
and hide

*Vue de Céret I*


qu'ils aillent au diable
ces chiens qui aboient à mes trousses
comme si j'étais un voleur
et ces paysans qui me font arrêter
lorsqu'ils me voient courir
bien avant l'aube   avec mon chevalet
et mes couleurs dans un sac

il n'y a jamais assez de temps
ce paysage est une fièvre dans mon sang
une énergie qui frise la démence
suivie d'une curieuse clarté:
ces montagnes   surgies d'une terre
bouillonnante
                    dans ma tête
                    je les vois s'effondrer
                    et regagner le sol . . .

je veux saisir le remuement
chaotique des choses   les clameurs
de masses d'air en mouvement
qui s'entrechoquent

cette danse folle
d'éléments possédés
de Dieu sait quelles diableries

la terre en proie
à des soulèvements pénibles . . .

ces mondes au dedans de mondes
qui saignent l'un dans l'autre

## View of Céret I


blast those dogs barking
as if I were a thief and farmers
getting me arrested because I hurry
by with my easel and sack
of paints well before dawn

– there's never time enough
this landscape's a fever
in my blood   an energy
bordering on insanity followed
by a peculiar sense of clarity:
these mountains boiled
out of the earth

          with my mind's eye
          I see them crumble
          and return . . .

I must capture the chaotic
stirring of things   of howling
air displaced in waves
that strike one another

the crazed dance
of elements possessed
by God knows what devilry

the earth in strenuous upheaval . . .

worlds within worlds
bleeding
into one another

*(cont'd)*

la scène se transforme pendant
qu'on l'observe
montre une existence sommaire
entre un début cruel
et une fin sans recours

the scene shifting
as we watch   showing
    brief existence between
        a cruel beginning
        and unredeeming end

*Céret II*


ah, la nuit! . . . pouvoir m'effondrer ici
près de mes toiles   épuisé
la dernière la plus proche de moi
encore mouillée comme un nouveau-né

cette vieille cabane   un couvoir
qui nous fait éclore
elles et moi . . .
                qu'est-ce que c'est?   qui est là?
                *Vous?*
non!  non!  vous ne pouvez pas
forcer ma porte
pour me prendre ma chair

vous croyez que j'ai oublié le soir
à La Rotonde   cet abaissement
en vous avouant que je crevais de faim
en vous implorant de me prêter
quelques sous   vous promettant
des tableaux en échange   et vous m'avez
refusé   avez commandé un jambon beurre
et l'avez jeté à votre chien . . .

maintenant c'est à votre tour de patienter

vous ne valez pas mieux que cet imbécile
de Netter qui déclara mes tableaux
dégoûtants . . . comme si son argent l'était moins

j'ai pu vous demander de l'argent
seulement en vous croyant
capable de comprendre mon travail

## Céret II

ah, night! . . . I collapse here
next to my canvases   exhausted
the last one closest to me   still
wet like a newborn

this old shack an incubator
hatches them
and me . . .
        what's that?  who's there?
        *You?*
no   no!  you can't
barge in here
can't demand your pound of flesh

think I've forgotten
the night at the Rotonde?   when
I humiliated myself before you
confessed I was starving   begged
you to lend me a few centimes
promised to repay you in paintings
how you refused   ordered a ham
sandwich   threw it to your dog . . .

now it's your turn to wait

you're no better than that fool
Netter   called my pictures disgusting
. . . as if his money were less so

from you I begged only because
I believed you understood my work

*(cont'd)*

mais mon Dieu   Zborowski
vous n'y comprenez rien   en plus
vous vous en foutez   sauf pour la vente
vendre . . . vendre . . . c'est tout ce qui compte

je ne vous laisserai pas
j'ai épanché le plus profond
de moi-même dans ces toiles
elles   c'est moi . . . *mauvaises*
toutes mauvaises . . . des essais ratés

je vais les broyer sous mes pieds!
*voyez   voyez*
je vais les brûler
toutes

but my God   you've no clue
Zborowski   don't care a damn
just want to sell   sell   sell

I won't let you   poured
my guts into these   they're me
. . . *bad*   all of them
bad . . . failed attempts

I'll put my foot through them!
*see   see*   I'm setting fire
to the lot

*Ertl, ma sœur*


de la prison de ton monde en noir
et blanc   tu m'écris dans une langue
qui n'est plus mienne   pourtant
elle me tire la moelle des os

mes narines se remplissent du mélange
de cire   de suif   de moisissure
je me tenais dans l'embrasure de la porte
un étranger depuis ma naissance
à l'intérieur de la synagogue les fidèles
se frappaient la poitrine   criaient
leurs péchés   leurs transgressions
dans toute leur misère   prétendaient
être le peuple élu   dehors ils racontaient
des histoires de dybbuks   de revenants
de loups-garous   j'entendais les racines
sucer la terre   les tiges pousser
sous le sol   les ruisseaux boueux ricaner

je vous ai envoyé ce que j'ai pu   la recette
de mes portraits "coupables"   même de jeunes
choristes   et des cathédrales   alors si
je suis votre seul "rayon de lumière"
que Dieu vous pardonne

sept ans depuis la mort de père   dis-tu
. . . et Yankele à peine plus âgé que moi   mort
aussi   les histoires des Enfers   de spectres
de flammes vacillantes entre les tombeaux
me remontent à l'esprit

## Ertl, My Sister

from the prison of your black
and white world   you write me
in a language no longer mine
still it tugs the marrow of my bones

the mixture of wax  tallow  mustiness
fills my nostrils   I stood in the doorway
a stranger from birth   inside
the prayerhouse worshippers beat
their breasts   cried out sins
transgressions   in all their
misery claimed to be the chosen people
outside   they told tales of dybbuks
ghosts   werewolves   I heard roots suck
the earth   stalks grow underground
muddy streams snicker

I sent you what I could   takings from my "sinful"
portraits   even choirboys and cathedrals
so if I'm your "only ray of light"   God
help you

seven years since our father died,
you say . . . and Yankele too   hardly older
than I   stories resurface about Hell   about shades
flames flickering
between tombstones

*(cont'd)*

chacun de tes mots   une écharde de verre
me transperce les veines   mon sang souille
la neige silencieuse qui tombe en pelotons
autour de toi   brûle de petits tunnels
rouges dans le sol glacé où tu traînes
ta maladie de chez mère jusque chez toi
l'obscurité   un seul nuage sombre   monte
de la tombe de père   son visage un globe
tordu   désapprobateur   l'air étouffant
ranci de récriminations

le champ blanc au-delà du cimetière
de mon enfance   se brouille   devient
une toile d'araignée sur la rétine
des gouttelettes s'attachent à chaque fil
se gèlent

your every word a glass splinter
pierces my veins   my blood stains
the silent snow falling
in clumps around you   burns
little red tunnels in the frozen
ground where you drag
your disease between our mother's
house and yours   darkness a single
black cloud rises from father's
grave   his face a twisted orb
of disapproval   the choking air
rancid with recriminations

the white field beyond the cemetery
of my childhood slips
out of focus   forms a spiderweb
over the retina   droplets
cling to single threads
freeze

*Grand arbre à Vence*


aussi majestueux qu'une cathédrale!
mais de *tout* arbre se dégage une telle
puissance que je la ressens à vif
dans le plus profond de moi-même

les paysans russes aussi
la ressentaient   ils venaient
dans la forêt pour la supplier
de les protéger   le frémissement
du feuillage chuchotait des consonnes
la bénédiction incantatoire
des branches craquantes
envoûtait   rassurait   l'ombre
d'un oiseau mystique nous survolait
son cri ni humain ni animal

avec des mains changées en pierre
par la terre   ils déposaient
leurs offrandes au pied des arbres
me donnaient à manger   quand ils me
découvraient dans les ombres
me prenaient sans doute pour une créature
de la forêt   terré là   seul pendant
des jours   pour soigner
le besoin croissant qui me serrait
la gorge   s'appuyait
contre mon front   le besoin de montrer
au monde le vrai monde   tandis qu'une peur
bleue me tirait le creux du ventre
et si une sorcière se cachait derrière
l'arbre voisin?
ou un monstre

## Great Tree of Vence

majestic as a cathedral!
but *all* trees have such power
enough to grip me in the gut

the Russian peasants felt
the same   came into the woods
to beg for protection   a quiver
passed from leaf to leaf whispering
consonants   branches creaked
benediction   spellbound
reassured   the shadow
of a mythical bird passed over us
its call neither animal nor human

with hands turned to stone
by the earth   they laid down
their offerings at the foot
of trees   fed me when they found
me among them   must have thought
me a forest creature hiding
there alone for days

to tend the need that grew and grew
pressed on my throat   against
the back of my forehead   the need
to show the real world to the world
while terror pulled on the lining
of my belly   what if a witch
lurked behind the next tree?
or a monster

*A la recherche*


d'un blanc
au fond duquel sera enseveli
la glace originelle du monde
dans toute sa pureté

les hivers de mon enfance
exhalant un souffle
couleur d'innocence

la forêt silencieuse
éclairée par la neige
soulignant la noire signification
des corbeaux

la pâleur cireuse de cadavres
à la lumière de bougies

les spectres grisâtres
repêchés de leur tombe
par la nuit

et toujours ce désir ardent
doux comme le goût du lait
dont la dernière goutte dans le seau
est une perle iridescente

*Striving*


to find a white

the world's first ice
in all its purity   buried
deep inside

winters of my childhood
exhaling breath the colour
of innocence

snow-silenced woods
lighting the dark
significance of crows

waxen corpses
in the glow
of candlelight

pale ghosts fished out
of their graves
by swooping night

and always a longing
sweet as the taste of milk
the last drop in the pail
an iridescent pearl

*Le nain rouge*

avec quel arrachement de cœur
je reconnais cette impuissance
douloureuse   l'enfant qui n'a jamais
été enfant   blotti au fond de l'homme
ce sentiment d'être un monstre
aux traits humains   ce regard
de haine à double sens
tu t'attends à ce qu'une volée
de coups te tombe dessus
à n'importe quel moment
à ce que n'importe qui   à portée
de main   t'attaque

oui   oui!   je peux te saisir
dans tout ton abaissement
ton émasculation

je n'ai qu'à tremper
les pinceaux
dans ma propre tête

## Red Dwarf

how well I know that aching
helplessness   the child
who never was a child   huddling
in the man   the feeling
of being a monster
with a human face   that look
of two-way hatred   expecting
a volley of blows to rain
on you at any moment   of being
attacked by anyone
within striking distance

yes   yes! I can capture you
in all your humiliation
your emasculation

I just have to dip the brushes
in my own head

*Les toiles*


ah   fouiner au marché aux puces
en quête de vieilles toiles
comme si j'étais à la poursuite
d'une proie

la traquer   pour l'emporter
triomphant   l'ancien portrait
sous son glacis   la faible étoile
couchante sur l'horizon
d'un inconnu

de retour à l'atelier
pendant que je l'efface
avec une patience infinie
je l'entends qui râle
sous mes doigts ardents
qui caressent la chrysalide
la tâtent   pour s'assurer
qu'elle est prête à recevoir
l'acte d'amour

l'ancien portrait luit encore
sous la couche de peinture
que j'y superpose

captif qui à contrecœur
éclairera le fond sombre
de mon travail

## Canvases

these forages through flea
markets   searching for old
canvases   like hunting

cornering the prey   carrying
it off   triumphant   the old
portrait still there   signalling
weakly   a setting star
of some unknown's horizon

back in the studio   blotting
it out with endless patience
I hear its gasp under my eager
fingers as they caress
explore   make certain
the chrysalis is ready to receive
the act of love

the old portrait shining
through the overlay

unwilling captive
about to help light
the dark under my work

*La tricoteuse*


tu as l'aspect d'une de celles
qui s'asseyaient près
de la guillotine

ton sourire narquois
suppose un certain pouvoir
qui va de pair avec l'acte
de cocher les secondes
de tes longues aiguilles

les transformer en années

des chaînes de mailles
qui maintiennent une vie
jusqu'à ce qu'elle s'effrite
entièrement
et passe au travers

ou qu'elle perde la tête

guettée du coin de l'œil
par des tricoteuses

## Woman Knitting

there is a look about you
of those who sat by
the guillotine

your joyless grin implies
a sense of power
goes with the business
of ticking off seconds
with long needles

knitting them into years

chains of stitches
holding together
a life
until it disintegrates
and falls through

or loses its head

watched by knitting women

## Les platanes


oui   c'est vrai
avant de quitter le lieu de ma naissance
– une misérable ville où les voyageurs
ne s'arrêtent même pas pour faire pipi
où ni tempête ni éclair ne fait bouger
la girouette au-dessus de la synagogue –
j'ignorais l'existence même des pianos

mais maintenant   quand je regarde
ces platanes   un immense élan de musique
de Bach s'engouffre dans ma tête
pour parcourir tout mon corps
transformé en chambre à échos

elle charge mes couleurs
décide du rythme de mon travail

*prend son essor*

alors   filez   misérables pinceaux
couteaux à palette mesquins

les doigts me suffiront

se tremperont dans les couleurs
en badigeonneront la toile
les pétriront pour en faire vie

## Plane trees

yes   it's true
I'd no idea there was
such a thing as a piano
until I left the place where I was
born – a miserable town where people
don't even stop to pee   where neither
thunder nor lightning moves the iron
weathercock on the prayerhouse

but now   here   looking
at these plane trees   a great sweep
of music like Bach's rushes through
my head   through my whole
being   makes me an echo chamber

charges my colours
determines the rhythm of the work

*soars*

away with these paltry
brushes   these piddling
palette knives

my fingers will
do it

will dive into the paints
spread them
knead them into life

*Ils ne comprennent pas*


croient que j'ai faim
quand je dis
"J'ai le cœur qui tire"

je ne sais pas expliquer
que mon cœur est un animal indompté
qui tire   force   ne se repose
ni ne dort   est toujours à rôder

fait pivoter mes yeux
dans leur orbite
les rend plus voraces
que mon estomac

les force
à avaler tout
ce qu'ils aperçoivent

comme ce ver parasite
qui me dévorait de l'intérieur
et finit par occuper plus de place
que moi

## They Don't Understand

think I'm hungry
when I say
"J'ai le cœur qui tire"

I can't explain
my heart's an untamed
animal   pulling   straining
never sleeps or rests
always on the prowl

spins my eyes in their orbit
makes them greedier
than my stomach

makes them swallow
all they see

no different from
the tapeworm that ate
me up from inside
took up more room
than I

## La folle

comment te faire justice?
tes mains angoissées   torturées
trahissent ta raison instable

tu trembles dans le cœur rouge
de ta robe   le fond ocreux
sera le monde insaisissable
représente-le toi n'importe comment
mais regarde de ce côté
oui   comme ça   justement comme ça
dévore-moi des yeux jusqu'à ce que
nous ne soyons plus qu'un
et que j'aie l'impression de ne jamais
avoir perçu un autre être vivant
aussi intimement   aussi complètement

mais   t'ayant regardé droit dans l'âme
comment puis-je continuer?
comment te crucifier
au vu du monde entier?

pourtant   je dois le faire   je le dois
poussé par cette impulsion
qui ne me lâche pas

la plaie saignante de ta bouche déjetée
montre du dégoût et ta tête surgissant
de frêles épaules voûtées
semble étrangement forte

et si ta folie n'était pas pire
que la mienne . . . ?

## The Madwoman

how to do justice to you?
your frightened tortured
hands betray your unstable mind

you tremble in the red heart
of your dress   the ochre
background will be
the unapprehended world
imagine it any way you like
but look this way
yes, like that   just like that
devour me with your eyes
until we are one   until I feel
I have never known another
creature – mother, lover, child
not anyone – so intimately
so completely

but, having looked straight down
into your troubled soul   how
can I go on   crucify you
for all the world to see?
still   I must   must
driven by a compulsion
that will not let go

disgust shows in the bleeding
wound of your lopsided mouth
and your head emerges
strangely strong
from your hunched shoulders

. . . what if you are no madder
                              than I?

## Carcasse de bœuf

*bien sûr* que le "Bœuf écorché" de Rembrandt
est magnifique!

mais je veux voir Paris en entier
dans cette carcasse . . .

pas besoin d'un contexte
simplement le torse écartelé
en *rouge bleu jaune* translucides
contre un fond de mer libre
noir et bleu foncé

les voisins se plaignent de puanteur
refusent de se salir le nez
comme si pareille chose
était possible

alors   qu'est-ce qui retient cette fille?
pourquoi ne se dépêche-t-elle pas
de m'apporter du sang de l'abattoir
pour que je puisse faire des retouches
aux parties pourrissantes
et continuer mon travail?

## Carcass of Beef


*of course* Rembrandt's "Slaughtered Ox"
is magnificent!

but I want to show
all of Paris in this slab of beef . . .

no need for a setting

only the torso   splayed
in *reds yellows blues*
translucent
against a free-flowing sea
of blacks and dark blues

the neighbours complain
about the smell
            want to keep
            their noses clean

as if there were such a thing

what's keeping that girl?
why can't she hurry
with the fresh blood
from the slaughterhouse
so I can touch up
the rotting parts

and get on with my work

## La raie

un monstre marin   peut-être
mais ô combien humain
cette gueule et ce regard
angoissé qui se figent

la mort s'insinue dans notre corps
par les yeux   le nez   les oreilles
comme le vent hivernal
dans la maison des pauvres

les ombres s'allongent   se croisent
à l'infini   la lumière avale le noir
le noir   la lumière

alors comment savoir
si c'est la mort
que je crains
ou la vie

## The Rayfish

marine monster   maybe
but how human
that anguished set
of jaw and stare

death enters us
through our eyes
our noses  our ears
as winter wind
the houses of the poor

shadows lengthen   meet
at infinity   intertwine
light swallows darkness
darkness light

so how can I tell
whether it is death
I fear
or life

## L'idiot du village

on peut deviner tant de choses
en observant les bras   les mains
comment les gens les tiennent

les uns bercent la vie
les autres y sont attachés
avec des menottes
il y a des coudes qui se cabrent

je me rappelle un idiot de village
dont les bras étaient des balises
il semblait nager dans l'air
il riait et riait   de rien   de tout
quand les  chiens le chassaient
quand quelqu'un tenta de le noyer

celui-ci ne rit pas
les bras ballants sur ses genoux
les mains ouvertes
incapable de ressaisir le monde
qui s'est échappé de leur étreinte
et s'éloigne

## Village Idiot

one can tell so much
from arms, hands
how people hold them

some cradle their lives
others are handcuffed
to them   some elbows
speak rebellion

once I saw a village idiot
arms buoyant as if he were
swimming in air   he laughed
and laughed at nothing
at everything
when dogs chased him
when someone tried
to drown him

this one doesn't laugh
his arms lie loose
on his lap   hands open
powerless to recapture
a world that has slipped
from their grasp
and rolled away

## L'automne

la croix noire
d'une pie   queue traînante
ailes écartées

monte   dépasse la fenêtre
aveuglée par le miroitement doré
des feuilles d'aulne
qui tombent en grappes épaisses

– le fruit trop mûr de vignes oubliées
vite foulé dans la boue

si loin des douces grappes
auxquelles Salomon comparait
les seins de sa bien-aimée

*Autumn*

the black cross
of a magpie   tail
trailing   wings
spread wide

rises past a window
blinded by the golden sheen
of alder leaves
falling in thick clumps

the overripe fruit of forgotten
vines   quickly trampled
into mud

so far from the clusters of sweet
grapes Solomon saw
in his beloved's breasts

## Maria Lani

voyons mademoiselle
est-ce *vrai* que vous avez trois
profils? que vous en *changez*
chaque fois
qu'on détourne les yeux?

que vous êtes étudiante?
une femme ravagée?
un chat aux lèvres minces?
une fille aux yeux bridés?

ou bien nous sommes-nous tous
laissé duper
Chagall   Matisse   Derain
et les autres
par ces deux escrocs
— vos représentants —
qui prétendaient que vous étiez
déjà ce multiple mystère
que nous essayons de créer
sur nos toiles?

donc, ils me comptent parmi les célébrités . . .
bon alors   cette fois-ci je vais
leur donner ce qu'ils me demandent
je vais laisser se dérégler ma vision
vos traits se brouiller   *voilà*
votre visage se dissout
en une série de masques

## Maria Lani

come now, lady
*do* you have three profiles?
*change* every time
we take our eyes off you?

are a young student?
a ravaged woman?   a cat
with thin lips?   a girl
with slanted eyes?

or were we all taken in
Chagall   Matisse   Derain
and the rest of us   duped
by your agents – those two clever
con men – into believing you
already were the multiple
mystery we're now creating
with our paints?

so they count me among the famous . . .
right, then!  this once I'll give
them what they want   let
my vision blur   your features
become unfocused  *there!* your face
is dissolving into a shifting
series of masks

*L'ouïe*

on perçoit la forme du tambour
dans son battement

aussi sûrement que le bec crochu
dans l'appel du hibou

l'expérience du voleur
dans son pas

l'intention du vent
dans son hurlement

les pensées d'un homme
dans le bruit de son sommeil sans rêves

dans le noir des longues nuits d'hiver
les oreilles saisissent
ce que seuls voient les aveugles

*Sound*


you can hear the shape
of a drum in its beat

as surely as an owl's
hooked beak in its call

a pickpocket's expertise
in his step

the wind's intention
in its howling

a man's thoughts in the sound
of his dreamless sleep

in the dark of long winter nights
ears see
what only the blind can

## Mademoiselle Garde

ton visage . . .
la façon dont tu me regardais
dont tu pris soin de moi
cette tendresse que j'acceptais
comme allant de soi

et quelles visions d'enfer
regardes-tu à présent de ces mêmes yeux

d'abord par la fenêtre d'un compartiment
verrouillé   braqués sur une nuit
d'arrêts angoissants   de départs
précipités   au grincement impitoyable
du métal sur l'acier du rail
te prenant   et combien d'autres
vers la gueule béante d'une aube diabolique
le mécanisme de ses mâchoires
étouffant quels cris   quelles plaintes?

je n'ai jamais tenté de faire un portrait
de toi   tu le compris sans mot dire
ne cherchant à m'observer
en train de peindre   sentant intuitivement
que je ne supporte pas le regard
d'autrui sur les nerfs à vif
de mon travail inachevé
même pas le tien

ces nuits encore si nettes   que je vois
au mur devant moi la lueur des feux de la rue
qui s'entrecroisaient dans ma chambre
tu étais un Modigliani
se devêtant près de mon lit

## Mademoiselle Garde

how you looked . . .
looked at me   after me
tenderness I took for granted

and what hells do you see now
with those same eyes

first staring from the window
of a locked compartment
at a night of agonizing stops
sudden starts   metal
on relentless metal   taking
you and how many others
into the gaping mouth
of a fiendish dawn
the machinery of its jaws
silencing what cries and moans?

I never tried to make a portrait
of you   you understood without
a word   made no attempt to watch me
paint   knew I can't bear
another's eye on the raw nerve
of my unfinished work
not even yours

those nights so vivid   I can see
on this wall before me now the flashing
of car lights that criss-crossed
our room   you a Modigliani
as you shed your clothes
beside my bed

*(cont'd)*

les meneaux des fenêtres projetaient
des croix gammées sur l'asile
de tes cuisses   et au ciel
seul tremblotait l'étoile de David

à qui faire confiance?   il n'a pas suffi
de regarder derrière nous comme des voleurs
dans la nuit   il n'a pas suffi de fuir
de village en village   aucun endroit sûr
. . . dans cette France éclairée

toi   dans un camp de concentration
chargée d'un double crime: celui d'être juive
*et* celui d'être allemande   la lettre
que tu as pu faire sortir – comment y répondre?
que puis-je dire   moi qui ne fus pas arrêté
du moins   pas encore

j'ai l'impression d'être mort
ce soir la lune   grande   rouge
un globe de géographie dans une classe
aéroportée   montre une carte pas
de ce monde   il chancèle
va certainement tomber   j'entends
la terre s'arracher
de son orbite autour du soleil
comme c'est naïf de compter
sur l'instant d'après

tu captais ma colère goutte
après goutte amère   demandant si peu
recevant encore moins   tu acceptais

mullioned windows threw Swastika
shadows on your thighs
harbouring me   only the Star of David
in the sky   trembling

whom to trust?   looking behind us
like thieves in the night was not
enough   fleeing from village
to village was not enough   nowhere
safe . . . in this enlightened France

you in a concentration camp   charged
with a double crime: being German
*and* Jewish   the letter you smuggled
out   how to respond?   what can
I say   I who was not caught?
at least   not yet

I feel like a man who has died
tonight the moon   large   red
a globe in a skyborne
classroom   shows a map not
of this world   it teeters
will surely fall   I hear the earth
tearing itself out of its orbit
round the sun   how naive
to count on the next moment

you milked me of my anger
drop by acid drop   demanded little
received less   accepted

*(cont'd)*

ma peur de me soumettre entièrement
comme un aveugle au toucher
et mon habitude de chercher
une signification en code
même sur le côté blanc d'une page

si nous avions eu un enfant
je t'aurais épousée   c'est mieux
que cela ne fût pas   je ne saurai jamais
appartenir à un autre être
– même pas à un ange gardien

tu m'as aidé à trouver ces enfants
les deux qui se promenaient
la main dans la main   j'en ai fait
des tableaux   plusieurs même
ces deux enfants   c'était nous

my fear of giving in
wholly   like a blind man
to the sense of touch
and my search for cryptic
meanings   even on the blank
side of paper

if we'd had a child I would have
married you   but it is better so
I don't know how to belong
– not even to a guardian angel

you helped me find those children:
two children walking hand in hand
in a world gone mad   I painted
them   many times
they were us

pas le temps d'interroger la chaise
celle qui reste vide
à la place du fils emprisonné
dans un camp Nazi

de la regarder
jusqu'à ce que je devienne l'écorce
arrachée de l'arbre   les larmes de sève
qui s'écoulèrent   le vide dans lequel
fut taillée la chaise   jusqu'à ce
que je sois le fils qui s'asseyait dessus

. . . il faut vite partir
trouver une autre chambre
les Allemands si près
mon estomac me tue
Marie-Berthe compte toujours
sur sa bouteille d'eau bénite . . .

après toutes ces années
je vois encore la strie qui coula
le long d'un des pieds de la chaise
où mon oncle était assis
quand une apoplexie le frappa
m'indiquant laquelle éviter

la strie noire
comme la brûlure d'un éclair

## Champigny-sur-Veude


no time to study the chair
the one they keep empty
at the table for their son
imprisoned in a Nazi camp

to stare at it until I am
the bark that was ripped off
the tree   its oozing sap   the gap
from which the chair was cut
the son who once sat on it

. . . must leave quickly
find another room
the Germans so close
my stomach's killing me
Marie-Berthe still counting
on her bottle of Holy Water . . .

after all these years
I can see the ridge that ran
down the leg of that other chair
telling me which one to avoid
long ago   after my uncle
had a stroke on it

a black ridge
as if seared by lightning

## Maternité

pourquoi te détournes-tu?
regarde donc ton enfant, mère!
il n'est pas né par curiosité   c'est toi
qui l'a mis au monde et maintenant
tu te fâches du poids mort de sa tête
endormie sur tes genoux

la terreur dans le cratère
de tes yeux ne laisse pas plus de place
à la tendresse ni à l'amour
que je ne trouvais dans ceux que ma mère
détournait de moi

quand ton enfant se réveillera
les cendres de ton cœur sèmeront
les graines du même désespoir
que le mien   dans ce lien mystérieux
cet attachement mortel

et toi aussi   intraitable
comme la terre   tu éviteras
toute explication   tu l'abandonneras
simplement à ce monde hostile

## Maternity

why do you turn away?
look at your child
woman!   he did not enter
this world out of curiosity
you brought him
into it – and now
resent the dead
weight of his sleeping
head on your lap

the craters in your eyes hold
terror   leaving no more
room for tenderness or love
than I found in those my mother
turned from me

when your child wakes
the ashes of your heart
will sow seeds
like those of my despair
in this mysterious bond
this mortal attachment

and you too   intractable
as the earth   will avoid all
explanations   simply abandon
him to a hostile world

## La symétrie

on dénonce mon œuvre   dit d'elle
qu'elle est "l'antithèse de l'art" . . .
prétend que mon style est contraire
à la "gracieuse exactitude française" . . .
on "abhorre son asymétrie"
idiots!   radoteurs!
comme si la symétrie n'était pas
une affectation   une déformation
de la réalité inventée par les hommes

Dieu ne s'en inquiète pas
peut-être en ce qui concerne les nombres
le nombre d'oreilles   d'yeux   de jambes
mais je m'en fiche des nombres
est-ce que les deux moitiés
d'un visage sont égales?   *non!*

et les poissons plats alors
dont un œil passe au-dessus de la tête
pour se situer à côté de l'autre
sur la face supérieure?   eux non plus
ne sont pas conçus dans le style formaliste
français   Messieurs!   et pendant
que nous y sommes   permettez-moi
de vous signaler que la nature
n'a pas de loi au tranchant net

en fait   elle ne s'intéresse guère
à la droiture – presque tout
au monde est courbe

même la vérité

## Symmetry

they denounce my work   call it
"the very anthithesis of art" . . .
say my style is "opposed to graceful
French precision" . . . abhor
its "asymmetry"   fools!
drivellers!   as if symmetry
weren't an affectation   a man-made
distortion of reality

God doesn't bother with it   maybe
in the number of ears   eyes
legs   but who cares about numbers
do face-halves match? *no!*

and what about flat fish whose one
eye travels across their heads to rest
next to the other   over one gill?
not in precise French style either
Messieurs!   and while we're at it
let me point out that nature
has no straight-edged laws

in fact   hardly bothers with straight
lines – most things in the world bend

even truth

# Le saumon

*magistrale*  "La truite" de Courbet
à l'hameçon fixé dans la mâchoire
à la ligne tendue   ramenant
vivement le poisson qui se débat
dont l'ensemble dépeint le moment
de souffrance finale
le moment pénultième
montrant une certaine noblesse

non pas comme les images qui m'assiègent
depuis le temps où je passais les petites
heures de l'aube aux Halles à décharger
des caisses de poissons   leurs couleurs
bizarres   les blessures de peau
poisseuses   le regard vitreux
les bouches remplies de sang coagulé
le tout indiquant une méchanceté
plus sombre que les profondeurs
les plus ténébreuses

des images qui poussent mon "Saumon"
à proférer un cri sourd
depuis la source du fleuve
jusqu'à la mer
qu'on entendra par-dessus
des millions d'autres cris

## The Salmon

*masterly* Courbet's "Trout"
hooks fastened in its jaw
taut line yanking
at the struggling fish
the whole describing
the moment of ultimate pain
the last but one moment
showing a certain nobility

not like the images that have haunted
me since those long ago pre-dawn
hours spent at Les Halles unloading
crates of fish   their bizarre
colours   gory skin wounds   glassy
stare   mouths full of congealed blood
all pointing to a wickedness
blacker than the murkiest depths

images that make my "Salmon" utter
a mute cry   heard
from the river's source
to the ocean   heard above millions
of other cries

## Homme en prière

je t'ai vu faire d'autres têtes
sceptiques   tourmentées   moqueuses
mais aujourd'hui   quelle dignité
un triomphe de l'esprit
sur la matière

tes mains nouées comme le bois
de croix primitives   levées
en prières   infiniment éloquentes

dis-moi: quels en sont
les préalables?

je fais des portraits de toi
à maintes reprises
essaye de te comprendre

espère que tu me mèneras
à la source secrète
où tu puises ta confiance
à la terre solide dont l'attrait
te tient en place   inébranlable
et permet à tes rêves de voyager
au-delà de l'azur

peu importe le pourquoi
seul compte le *comment*

comment trouver la sérénité
d'une foi
qui ne s'esquivera pas

## Praying Man

I have caught you with other faces
sceptical   tormented   scoffing

but today   such dignity
triumph of spirit over matter

hands knotted like the wood
of primitive crosses   infinitely
eloquent   lifted in prayer

tell me: what
are the prerequisites?

I paint you over and over
try to understand

hoping you will lead me
to the secret
spring you draw on
to the solid ground whose pull
holds you   unflinching
and lets your dreams travel
beyond the blue

never mind the whys
and wherefores
only *how* matters

how to find the comfort
of a faith
that will not steal away

# Dernier trajet avec Marie-Berthe

*aïe   je n'en peux plus*
inutile cette course folle   Paris
trop loin   *ça fait mal   mal*
trop malade pour discuter avec eux
à Chinon   "dangereux" disaient-ils
auraient dû insister pour m'opérer de suite
au lieu de t'écouter   te croyaient
ma femme . . .   ne peux pas durer
jusqu'à ce que nous arrivions
ton spécialiste   Paris
*ce mal me tue*

tes yeux bleu ciel ne voient
que ma peau intacte   me croient
en bon état   ai survécu cinquante ans
pourrai sans doute continuer   aucune
idée de ce que je souffre

qu'as-tu bien pu voir en moi
un youpin russe   poursuivi par les Nazis
sa santé atteinte   son avenir derrière lui
te sauvant avec moi comme si toi aussi
tu avais besoin de te sauver   de trouver
de nouvelles cachettes   toi la chérie
des surréalistes   l'enfant gâté
d'une espèce non menacée

*délirant de douleur*   mes pensées
un ver de terre   sombrent dans
mes entrailles pourries   puis remontent
se poser sur les charmantes boucles

# Last Ride with Marie-Berthe


*ahhh I can't stand it*
useless this mad chase   Paris
too far   *it hurts   hurts*
too ill to argue with them in Chinon
"dangerous" they said   should have
operated at once   not listened
to you   thought you my wife . . .
can't last till we reach
your specialist   Paris   *the pain's*
*killing me*

your baby blue eyes see only
my skin intact   think I'm fine
have survived fifty years
will go on   no clue to how I suffer

whatever did you see in me
a Russian Yid   chased by the Nazis
his health shot   his future behind
him   running with me as if you too
had to run   find new places
to hide   you the pretty toast
of surrealists   spoiled child
of an unendangered species

*delirous with pain*   my thoughts
an earthworm   burrow down
to my rotting innards   then up
and out again   land on your charming

*(cont'd)*

dorées qui recouvrent ta tête
d'innocente   tes mains lisses
comme des assiettes   ont essayé
d'améliorer mon portrait de toi
de le rendre plus joli   un petit oiseau
dérouté   tombé de son nid   quand
j'ai tailladé la toile   *personne*
*n'a le droit de toucher à mon travail!*
tu l'as recousue   le langage un arbre
bien enraciné dans ta bouche

*aïe   aïe*  je ne peux pas aller plus
loin   rien n'annonce l'aube pour nous
tirer de ce noir visqueux   chaque étoile
est un clou dans ma chair   et toi
tu prolonges ma douleur   insistes
sur ce zigzag délirant afin de ramasser
mes toiles éparpillées

pour me protéger tu m'as mis un symbole
chrétien autour du cou   mais pas moyen
de duper les ulcères saignants avec ça
ni la gestapo
ni Dieu

tu crois ta main une bobine
qui me débite une corde de sécurité
ma fiancée-enfant qui aime jouer
te cacher avec moi dans ce corbillard
pour camoufler le peu de vie
qui me reste   convulsé
hurlant telle une pleureuse
*oï!* tout le cimetière en parlera

blond curls that cover an innocent's
head   your hands smooth as dinner
plates   tried to improve my portrait
of you   make it prettier   a baffled
little bird fallen from its nest
when I slashed the canvas to ribbons
*no one may touch my work!*
you stitched it together
language a deep-rooted tree
in your mouth

*ahhh   ahhh*   I can't go any further
no sign of dawn to rescue us
from this viscous black
each star a nail in my flesh
and you prolong my agony
insist on this frenzied zigzag
to collect my scattered paintings
on our way

and to protect me   hung a Christian
symbol round my neck   but it won't
fool bleeding ulcers
the gestapo
God

you think your hand on me a spool
play me out a lifeline
my child-bride playing
games   hiding with me
in this hearse to camouflage
what little life is left in me
convulsed   keening
*oi!*   we'll be the talk
of the cemetery

# NOTES

p. 22  La Pitié-Salpêtrière: l'un des plus anciens hôpitaux de Paris.

p. 24  Dybbuk: démon.

p. 26  La Ruche: nom donné au logement misérable, rue de Dantzig à Paris, qu'habitaient Soutine et d'autres peintres.

p. 28  Simcha: fête.

Shtetl: village ou petite ville juive en Europe de l'Est.

p. 38  La loi mosaïque interdit toute ingestion de chair mêlée à du sang.

p. 40  Jules Pascin (1885-1930) né en Bulgarie, peintre exceptionnel de l'école de Paris, connu en particulier pour ses études aux tons délicats, poétiques, amers et ironiques de femmes dégradées.

p. 64  Zborowski: marchand de tableaux qui fit à Soutine une rente lui permettant de passer trois ans dans le Sud de la France.

p. 108  Mlle Garde: nom donné à Gerda Groth par Soutine parce qu'il 'voulait la garder' et aussi parce qu'elle était sa 'garde-malade'.

# NOTES

p. 23  Salpêtrière: Oldest hospital in Paris.

p. 25  Dybbuk: demon.

p. 27  Ruche: French for beehive, name of an old tenement on the rue de Danzig in Paris where Soutine and other artists lived.

p. 29  Simcha: festive occasion.

Shtetl: village or small Jewish town in Eastern Europe.

p. 39  According to Mosaic dietary laws, flesh may not be eaten if it contains blood.

p. 41  Jules Pascin (1885-1930): Bulgarian born, outstanding painter of the school of Paris, best known for his delicately toned, poetically bitter and ironic studies of decadent women.

p. 65  Zborowski: agent who, after Soutine was "discovered", gave him an allowance enabling him to spend three years in the South of France.

p. 109  Mlle Garde: Gerda Groth, so named by Soutine because he wanted to keep her, "garder" means to keep, and also because she looked after him when he was ill – "garde-malade" means nurse.

# L'AUTEUR

Née à Francfort d'une mère russe et d'un père polonais, Inge Israel a passé son enfance en France et en Irlande. Elle vit au Canada depuis 1958, tout en faisant de long séjours à l'étranger.

Ses poèmes, nouvelles et essais ont été publiés dans de nombreuses anthologies et revues, et sur les réseaux de la BBC et de Radio-Canada en anglais et en français.

Sa pièce de théâtre, *Clean Breast*, qui a été traduite en japonais et publiée au Japon, était au programme du Festival 1996 du Théâtre Workshop West. La version française de cette pièce, *Seins innocents*, a été jouée à l'Unithéâtre d'Edmonton en 1996.

En 1993, son troisième recueil de poésie, *Aux quatre terres*, a remporté le Prix Champlain.

*Fêlures dans le visible* est le septième recueil et dernier en date de l'auteur.

# ABOUT THE AUTHOR

Born in Frankfurt of a Russian mother and Polish father, Inge Israel spent her childhood in France and in Ireland. Canada has been her home since 1958, but she is often abroad for extended periods.

Inge Israel's poetry, short stories and essays have been published in many anthologies and magazines, as well as broadcast on the BBC and CBC French and English networks.

Her play, *Clean Breast,* was translated into Japanese and published in Japan. It was also included in Workshop West's 1996 Festival, and her French translation of it, *Seins innocents,* was performed at Edmonton's Unithéâtre in 1996.

Her third collection of French poems, *Aux quatre terres,* won the 1993 Prix Champlain.

*Rifts in the Visible* is her seventh book.